This Luna Rising book belongs to

_____

My Name is *Me llamo*
gabito

The Life of *la vida de*
Gabriel García Márquez

by / *por* **Monica Brown**

Illustrated by / *ilustrado por* **Raúl Colón**

Composed in the United States of America
Printed in China

Edited by Theresa Howell
Designed by David Jenney and Sunny H. Yang
Translation by Straightline Editorial Development, Inc.

Author's Note
I would like to thank my extraordinary editor, Theresa Howell,
for her vision, her passion, and her many gifts.

Publisher's Note
This book is an independent character study by Monica Brown, Associate Professor of English at
Northern Arizona University in Flagstaff, Arizona. She has not consulted with or had the participation of
Gabriel García Márquez in its preparation and Gabriel García Márquez has not authorized or endorsed
this book. In 2003, Gabriel García Márquez published his memoir, *Living to Tell the Tale* (Knopf),
where he wrote about Lorenzo the Magnificent, ghosts, and the politics and passions that shaped his
childhood. The author referred to this memoir and a plentitude of reference works for
factual background information in preparing this character study for children.

FIRST ENGLISH/SPANISH IMPRESSION 2007
ISBN 13: 978-0-87358-908-6 (HC)
ISBN 10: 0-87358-908-4 (HC)

FIRST ENGLISH/SPANISH IMPRESSION 2007
ISBN 13: 978-0-87358-948-2 (SC)
ISBN 10: 0-87358-948-3 (SC)

07 08 09 10 11   5 4 3 2 1

Library of Congress Cataloging-in-Publication Data

Brown, Monica, 1969-
My name is Gabito : the life of Gabriel García Márquez / by Monica Brown ; Illustrated by Raúl Colón.
Me llamo Gabito : la vida de Gabriel García Márquez / escrito por Monica Brown.
p. cm.
ISBN-13: 978-0-87358-908-6 (hardcover)
ISBN-10: 0-87358-908-4 (hardcover)
1. García Márquez, Gabriel, 1928---Juvenile literature. 2. Authors, Colombian--20th century--
Biography--Juvenile literature. I. Colón, Raúl II. Title. III. Title: Me llamo Gabito.
PQ8180.17.A73Z613 2007b
863'.64--dc22 [B]
2007008941

To Jeff Berglund

—M. B.

For Zeke, a long-lost friend

—R. C.

Can you imagine a shipwrecked sailor living on air and seaweed for eight days?

Can you imagine a trail of yellow butterflies fluttering their wings to songs of love?

Can you imagine gold and silver fish swimming in air?

¿Te imaginas a un marinero náufrago viviendo
del aire y de las algas durante ocho días?

¿Te imaginas una fila de mariposas amarillas aleteando
al son de canciones de amor?

¿Te imaginas peces dorados y plateados nadando en el aire?

¿Te imaginas?

Once, there was a little boy named Gabito who could. This little boy would become one of the greatest storytellers of all time.

Gabito was born in the magical town of Aracataca, Colombia, and his imagination was just as big and great and wild as the thickest jungles and highest mountaintops of Colombia.

*Había una vez un niñito que se llamaba Gabito, que sí podía.
Este niñito llegaría a ser uno de los mejores narradores de
cuentos de todos los tiempos.*

*Gabito nació en el pueblo mágico de Aracataca, en Colombia,
y su imaginación era tanta y tan grandiosa y desenfrenada como
las selvas más densas y las montañas más altas de Colombia.*

To Gabito, the world was a magical place. He grew up in a little house with his big family and, according to his grandmother, a strange and mysterious ghost. Sometimes little Gabito would imagine the ghostlady gliding through his house and rocking the empty rocking chair in the family room.
Back and forth. Back and forth.

Gabito never sat in that rocking chair because he didn't want to squish the ghost.

Gabito's imagination was big.

Para Gabito, el mundo era un lugar mágico. Creció en una pequeña casa, con una familia grande y, según su abuela, un extraño y misterioso fantasma. A veces el pequeño Gabito se imaginaba a la mujer fantasma deslizándose por su casa y meciendo en la sala la mecedora en la que nadie estaba sentado. Para atrás y para adelante. Para atrás y para adelante.

Gabito nunca se sentaba en la mecedora porque no quería aplastar al fantasma.

Gabito tenía mucha imaginación.

Gabito also lived with an amazing 100-year-old talking parrot named Lorenzo the Magnificent. Lorenzo would make up stories of his own, just like Gabito. And sometimes his stories turned out to be true!

One day Gabito listened to Lorenzo tell a story about a big, angry bull getting loose. Imagine his surprise when a big, angry bull ran right through his kitchen! Maybe, thought Gabito, Lorenzo the Magnificent had magical powers.

Gabito's imagination was wild.

Gabito también vivía con un loro maravilloso de 100 años que se llamaba Lorenzo el Magnífico. Lorenzo inventaba sus propios cuentos, igual que Gabito. ¡Y a veces sus cuentos resultaban ser verdaderos!

Un día Gabito escuchó que Lorenzo contaba un cuento acerca de un toro grande que estaba enojado y andaba suelto. ¡Imagina cómo se sorprendió cuando vio un toro grande y enojado corriendo por su cocina! Gabito pensó que, tal vez, Lorenzo el Magnífico tenía poderes mágicos.

Gabito tenía una imaginación desenfrenada.

Gabito's favorite person in the whole world was his grandfather Nicolas, who had a giant dictionary filled with many amazing words. From this dictionary, Gabito learned that magic is not just for witches, that gypsies are wanderers with a taste for adventure, and that words can be big and great and wild, too.

The more words Gabito learned, the more stories he told.

La persona que más le gustaba a Gabito en todo el mundo era su abuelo Nicolás, quien tenía un diccionario gigante lleno de muchas palabras estupendas. De este diccionario Gabito aprendió que la magia no es sólo para las brujas, que los gitanos son gente que va de un lado a otro a quienes les gusta la aventura y que también las palabras pueden ser grandes, magníficas y alocadas.

Cuantas más palabras aprendía Gabito, más cuentos contaba.

Each day after breakfast, Gabito and his grandfather put on matching Scotch plaid hats and walked through the town of Aracataca, holding hands and smelling the jasmine flowers. The two of them would walk happily towards the café, where they met his grandfather's friends for lunch. His grandfather always let him dip his hands into the pitcher of water and lift out the cold and crunchy ice cubes.

The more people Gabito met, the more stories he told.

Todos los días después del desayuno Gabito y su abuelo se ponían sombreros a cuadros escoceses que hacían juego y caminaban por el pueblo de Aracataca, tomados de la mano y oliendo los jazmines. Los dos iban caminando contentos al café, donde se encontraban con los amigos del abuelo para almorzar. Su abuelo siempre lo dejaba meter sus manos en la jarra de agua y sacar los cubos de hielo fríos y buenos para masticar.

Cuantas más personas conocía Gabito, más cuentos contaba.

Sometimes Gabito
and his grandfather
walked past the big banana
plantation at the edge of town.
He saw how hard the people on the
banana plantation worked picking fruit. Even
to little Gabito, it didn't seem fair that those who
worked so hard were so poor, and this made Gabito sad.
He tried to imagine a world where no one was poor and where
everyone could sit with their grandfathers under the shade of a tree,
holding hands and crunching ice.

The more things Gabito saw, the more stories he told.

*A veces Gabito y su abuelo iban caminando hasta más allá de la gran
plantación de bananos que estaba al terminar el pueblo. Él vio lo mucho
que trabajaba la gente recogiendo la fruta en la plantación de bananos.
Incluso para el pequeño Gabito, no parecía justo que quienes trabajaban
tanto fueran tan pobres, y al pensar esto entristecía. Trató de imaginarse un
mundo donde nadie fuera pobre y donde todos pudieran sentarse con sus
abuelos a la sombra de un árbol, tomados de la mano y masticando hielo.*

Cuantas más cosas veía Gabito, más cuentos contaba.

Under the hot sun, Gabito grew tall. He learned that ghosts were real, that parrots sometimes speak the truth, and that not everything, even in this magical world, is fair. Most importantly he learned that he loved stories. He loved hearing them, reading them, telling them, and writing them. He loved creating worlds where the impossible was possible, where dreams were true, and where people could float and fly.

The more stories he wrote, the more he wanted to write.

Bajo el sol caliente, Gabito creció mucho. Aprendió que los fantasmas existen de verdad, que los loros a veces dicen la verdad y que no todo, incluso en este mundo mágico, es justo. Y lo más importante que aprendió fue que a él le gustaban los cuentos. Le encantaba escucharlos, leerlos, contarlos y escribirlos. Le encantaba crear mundos donde lo imposible fuera posible, donde los sueños fueran realidad y donde la gente pudiera flotar y volar.

Cuantos más cuentos escribía, más quería escribir.

When Gabito grew up he wrote the most exciting
stories in the world. His stories were magical and
amazing, but just as real as you or me.

Can you imagine what kind of stories Gabito told?

Close your eyes and see.

De grande, Gabito escribió los cuentos más
emocionantes del mundo. Sus cuentos eran mágicos
y maravillosos, pero tan reales como tu y yo.

¿Puedes imaginarte qué tipo de cuentos contó?

Cierra los ojos y mira lo que imaginas.

Can you imagine?

Can you imagine a man with enormous wings falling from the sky?

¿Te imaginas a un hombre con enormes alas cayendo del cielo?

Can you imagine the most beautiful woman in the world?

Can you imagine?

¿Te imaginas?

¿Te imaginas a la mujer más hermosa del mundo?

Can you imagine flying through the air on a magic carpet?

Can you imagine?

¿Te imaginas cómo sería volar en el aire en una alfombra mágica?

¿Te imaginas?

If these stories sound magical it is because they are. And they were written by the boy called Gabito, who grew up to be Gabriel García Márquez, the great storyteller, read by millions, loved by all. But Gabito never forgot the parrot and the bull, the jasmine flowers and the banana workers, and the dictionary full of wonderful words.

People on all seven continents read his stories and love them and discover just how magical—and big and great and wild—the world can be.

Si estos cuentos parecen mágicos es porque lo son. Y los escribió el niño que se llamaba Gabito, quien llegó a ser Gabriel García Márquez, el gran narrador de cuentos, leído por millones, querido por todos. Pero Gabito nunca se olvidó del loro y del toro, de los jazmines y de los cultivadores de bananos y del diccionario lleno de palabras maravillosas. Sus cuentos se leen en los siete continentes.

A la gente le encantan sus cuentos y todos descubren lo mágico (y grande y maravilloso y fantástico) que el mundo puede ser.

Gabriel García Márquez

Gabriel García Márquez has a gift. He is a storyteller. On March 6, 1928, Gabriel, nicknamed Gabito, was born in Aracataca, a town in northern Colombia. Gabito was raised by his grandparents in a house filled with brothers, sisters, aunts, cousins, and a 100-year-old parrot named Lorenzo the Magnificent. Gabito learned a great deal from his grandfather and his grandmother, who told many stories themselves.

Over the years, Gabito worked as a journalist and a novelist. He lived in Europe, the United States, and Mexico, among other places. In 1958 he married his childhood sweetheart, Mercedes Bacha Pardo, and they had two sons, Rodrigo and Gonzalo.

Gabito's early life was also shaped by the struggles of the poor banana workers. He believed in the workers' fight for fairness. Even when Gabito became one of the most famous writers in the world, he never forgot the workers, and their stories made their way into his novels and his life.

Gabriel García Márquez has written over thirty books, including *Love in the Time of Cholera* (1988), *Living to Tell the Tale* (2003), and his most brilliant novel, *One Hundred Years of Solitude* (1967). In 1982 he was awarded the Nobel Prize for Literature. His stories are celebrated all over the world. He writes most often about Colombia, sharing stories of people and places that are both magical and real. He lives in Mexico City, where his genius for storytelling continues to be a gift to us all.

Gabriel García Márquez

Gabriel García Márquez tiene un talento especial. Es un narrador de cuentos.
El 6 de marzo de 1928, Gabriel—apodado Gabito—nació en Aracataca, un pueblo
en el norte de Colombia. A Gabito lo criaron sus abuelos en una casa llena de
hermanos, hermanas, tías, primos, primas y un loro de 100 años llamado Lorenzo
el Magnífico. Gabito aprendió mucho de su abuelo y su abuela, quienes también
contaban muchos cuentos.

A lo largo del tiempo Gabito trabajó de periodista y de novelista. Vivió, entre
otros lugares, en Europa, los Estados Unidos y México. En 1958 se casó con su
novia de la niñez, Mercedes Bacha Pardo, y tuvieron dos hijos: Rodrigo y Gonzalo.

Los primeros años de la vida de Gabito también estuvieron influenciados por
las dificultades por las que pasaban los cultivadores de bananos. Él comprendía la
lucha de los trabajadores para lograr justicia. Aún cuando Gabito llegó a ser uno de
los escritores más famosos del mundo, no olvidó a los trabajadores y sus historias
formaron parte de sus novelas y de su vida.

Gabriel García Márquez ha escrito más de trienta libros, entre ellos El amor en
los tiempos del cólera (1988), Vivir para contarla (2003) y su novela más brillante,
Cien años de soledad (1967). En 1982 ganó el Premio Nobel de Literatura. Sus
cuentos se disfrutan por todo el mundo. Escribe con frecuencia sobre Colombia,
y nos cuenta sobre personas y lugares que son tanto mágicos como reales. Vive en
la Ciudad de México, donde su talento para contar cuentos continúa siendo un
regalo para todos nosotros.

Gabriel García Márquez